PLATÃO

100 MINUTOS
para entender
PLATÃO

2ª edição

Copyright © 2022 Astral Cultural
Todos os direitos reservados à Astral Cultural e protegidos
pela Lei 9.610, de 19.2.1998. É proibida a reprodução total ou parcial sem
a expressa anuência da editora.

Editora Natália Ortega
Produção editorial Esther Ferreira, Jaqueline Lopes, Renan Oliveira e Tâmizi Ribeiro
Revisão João Rodrigues
Capa Agência MOV

Dados Internacionais de Catalogação na Publicação (CIP)
Angélica Ilacqua CRB-8/7057

C655   Coleção saberes : 100 minutos para entender Platão.
— 2. ed. — Bauru, SP : Astral Cultural, 2022.
128 p. (Coleção Saberes)

Bibliografia
ISBN 978-65-5566-275-7

1. Platão 2. Filosofia antiga 3. Filósofos antigos
Título

22-4537   CDD 184

Índices para catálogo sistemáticos:
1. Filósofos

BAURU
Rua Joaquim Anacleto
Bueno 1-42
Jardim Contorno
CEP: 17047-281
Telefone: (14) 3879-3877

SÃO PAULO
Rua Augusta, 101
Sala 1812, 18° andar
Consolação
CEP: 01305-000
Telefone: (11) 3048-2900

E-mail: contato@astralcultural.com.br

SUMÁRIO

Apresentação	7
Biografia	11
Contexto histórico	23
Pensamentos de Platão	47
Controvérsias e críticas	93
Legado	117

APRESENTAÇÃO

Nunca antes se produziu tanta informação como na atualidade. Nossos dados estão armazenados em redes sociais, órgãos governamentais e corporações privadas, e se espalham de forma acelerada. Basta procurar um termo na internet para conhecer detalhes da vida ou do trabalho de um político, filósofo, artista, historiador ou cientista. Essa facilidade vem transformando a assimilação dessas informações em uma prática trivial, já que elas estão apenas a um clique ou uma pesquisa de voz. Mas nem sempre esse conteúdo virtual está alinhado, objetivo ou coerente. E isso confirma que acessar informações é diferente de adquirir conhecimentos. Por isso, a *Coleção Saberes* chega com esse propósito: apresentar ideias e teorias de uma forma organizada, sintetizada e dinâmica. Em aproximadamente 100 minutos, é possível desvendar a mente de um filósofo ou cientista, e se familiarizar com suas contribuições para o desenvolvimento cultural e social da humanidade.

Nesta edição, apresentamos Platão, um dos filósofos que ajudaram a construir a história do pensamento ocidental, ao lado de Sócrates e Aristóteles. Nascido em Atenas, no ano 427 antes de Cristo, Platão foi aluno de Sócrates e responsável por preservar a obra do mestre depois que este foi condenado à morte pelos governantes por corromper a mentalidade dos jovens. Referência absoluta na filosofia do Ocidente, Platão foi quem propôs que a realidade concreta, que captamos por meio dos sentidos — é uma cópia de um mundo ideal ou "mundo das ideias". Ele conseguiu ilustrar essa teoria por meio da alegoria da caverna (ou mito da caverna), que você vai conhecer nas próximas páginas.

1

BIOGRAFIA

O filósofo Platão nasceu em Atenas, na Grécia, por volta de 427 anos antes do nascimento de Cristo. Seu nome não era realmente Platão, e sim Arístocles. Platão, que significa "amplo", em referência à constituição física do filósofo, que tinha costas largas. Filho de Ariston e de Perictione, de famílias tradicionais de Atenas, ele experimentou a cena política desde a infância: sua mãe era descendente de Sólon (grande legislador que viveu 600 anos antes do nascimento de Cristo) e prima de governantes gregos.

Suas raízes e sua formação deveriam conduzi-lo naturalmente à política, mas a filosofia acabou absorvendo Platão quando ele se tornou aluno de Sócrates (469-399 a.C.), por volta dos vinte anos. Isso não significa que ele considerava a filosofia mais importante do que a política, e sim que a ação política só teria sentido se fosse construída sobre as bases sólidas da filosofia, da articulação do pensamento.

Nomes fundamentais

Platão e Sócrates são considerados nomes essenciais para a compreensão do pensamento filosófico ocidental, ao lado de Aristóteles (384 - 322 a.C.), que é a terceira ponta desse triângulo. Quando se estuda filosofia e mundo antigo, o nome dos três filósofos quase sempre aparecem juntos. Isso ocorre pois Platão foi quem registrou as ideias de seu mestre Sócrates, que não havia deixado escritos (leia mais sobre Sócrates no capítulo 2); e também por Aristóteles ter sido aluno de Platão, mesmo tendo renegado, posteriormente, as ideias do ex-professor (leia mais sobre Aristóteles no capítulo 4).

> "Aquele que não é um bom aprendiz
> não será um bom mestre."
>
> **Platão**

Base da filosofia

Uma das teorias mais relevantes de Platão diz respeito ao chamado "mundo das ideias" (leia mais a respeito no capítulo 3). O filósofo defendia que cada elemento da realidade concreta é uma imitação de uma matriz que se encontra no mundo das ideias, onde tudo é eterno e perfeito, e não transitório e sujeito a erros como no nosso dia a dia.

Antes de nascer, segundo Platão, os homens estiveram no mundo das ideias e é para lá que devem voltar após a morte do corpo físico, já que a alma humana é imortal. Aqueles que se dedicam ao exercício intelectual – ou seja, os filósofos – têm condições de acessar o mundo das ideias em vida.

Essa capacidade é que torna os filósofos aptos a atuarem como governantes, de acordo com o filósofo.

Antes e depois de Sócrates

A condenação de Sócrates à morte, em 399 a.C., provocou uma transformação radical na vida de Platão (Sócrates foi condenado à morte por corromper a juventude com sua filosofia considerada transgressora). Ele se desiludiu com a política e a democracia, e deixou Atenas. Passou um bom tempo no Egito e na Itália, até retornar à Grécia em 385 a. C., com quarenta anos.

No retorno, escreveu *Apologia*, sobre a defesa de Sócrates, abordando os ensinamentos do mestre também em outras obras. Platão ainda fundou uma escola, que ficou conhecida como Academia.

Como funcionava a Academia

A escola fundada por Platão ficava localizada nos arredores de Atenas, e era um instituto de educação com foco no desenvolvimento de pesquisas filosóficas e científicas. No local, os alunos aprendiam matemática, geografia e filosofia, e também praticavam exercícios físicos.

O nome "Academia" faz referência à designação do local, Jardim de Akademos — herói mítico ao qual o próprio jardim era dedicado. A Academia é considerada o embrião das universidades e centros de pesquisa que se desenvolveram na Europa a partir do século XII.

Esse espaço foi extinto no século VI pelo imperador bizantino Justiniano (483 – 563 d.C.). O imperador tinha o interesse de sepultar a cultura grega para viabilizar a expansão do cristianismo na região.

O filósofo grego tinha um estilo peculiar de escrever. Ele misturava filosofia e poesia, e expressava suas ideias por meio de diálogos, uma herança de Sócrates, que valorizava a argumentação.

Platão escreveu sobre metafísica, ética, política, ciência, arte e comportamento humano, somando 35 diálogos e treze cartas. Morreu em 347 antes de Cristo, com mais ou menos setenta anos. À frente da Academia, teve um aluno ilustre: Aristóteles.

"Aqui jaz o divino Arístocles, que em prudência e justiça soube exceder a todos os mortais. Se a sabedoria eleva alguém às alturas, este as conseguiu. A inveja em nada lhe empanou a glória."

Texto escrito na lápide de Platão

Principais obras

Primeiros diálogos:	Diálogos intermediários:	Diálogos finais:
Apologia Críton Górgias Hípias maior Mênon Protágoras	Fédon Fedro A república O banquete	Parmênides Sofista Teeteto

PARA FIXAR NA MEMÓRIA

▶ Platão nasceu em 427 antes de Cristo, em Atenas, na Grécia. Seu nome original era Arístocles. Platão, que significa "amplo", era um apelido e uma referência à constituição física do filósofo, que tinha ombros largos;

▶ Ele veio de família nobre: os parentes da mãe eram legisladores e governantes gregos;

▶ Estava naturalmente destinado a abraçar a política, mas preferiu a filosofia;

▶ Por volta dos vinte anos, conheceu Sócrates e se tornou seu aluno;

▶ Quando Sócrates foi condenado à morte, assumiu a tarefa de preservar seus ensinamentos, já que Sócrates não havia deixado escritos;

▶ Uma das teses mais difundidas de Platão é a do mundo das ideias. Consiste na teoria de que nosso dia a dia é uma cópia imperfeita de outra realidade, sublime e imutável;

▶ Na Grécia, fundou uma escola conhecida como Academia, que teve um aluno célebre: Aristóteles;

▶ Sócrates, Platão e Aristóteles são considerados os nomes mais relevantes da gênese da filosofia no Ocidente;

▶ Platão morreu em 347 a.C., aos setenta anos, aproximadamente, deixando treze cartas e 35 diálogos. Diálogo era a forma como ele registrava seus pensamentos filosóficos.

"

2

CONTEXTO HISTÓRICO

Analisar a filosofia de Platão significa examinar o surgimento da filosofia. Antes de a filosofia ocidental despontar na Grécia, os antigos gregos explicavam a origem das coisas por meio de relatos míticos, quase sempre com a participação de figuras sobrenaturais.

Relatos míticos são comum a todas as culturas, e não é raro que diferentes civilizações compartilhem elementos semelhantes em suas narrativas mitológicas (leia "A conquista do fogo").

Homem e natureza

Difundir um mito era uma forma de compreender o mundo e as relações do homem com o outro e com a natureza. Porém, devido aos deslocamentos migratórios, trocas comerciais, diversidade cultural e reorganizações sociais, as civilizações tendem a relegar suas crenças a segundo plano, valorizando as argumentações sob a perspectiva da razão. Ocorre, assim, uma transição do mito ao *logos*, termo grego que significa razão, conhecimento.

Com os gregos, aconteceu dessa forma. No entanto, é importante ressaltar que essa migração não acontece de um dia para o outro. Ela é lenta, ocorre gradualmente e pode, inclusive, permitir que mito e logos coabitem em determinadas épocas históricas.

"O mito conta uma história sagrada; ele relata um acontecimento ocorrido no tempo primordial, o tempo fabuloso do princípio."

Mircea Eliade, mitólogo e filósofo romeno

Ilustração do cavalo de Troia como referência à guerra entre gregos e troianos, que teria ocorrido entre 1.300 e 1.200 anos antes do nascimento de Cristo. A guerra, um dos marcos da mitologia grega, está narrada no poema Ilíada, escrito por Homero, poeta épico da Grécia Antiga.

Coleção Saberes

A conquista do fogo

A conquista do fogo é um mito para muitas culturas. Entre os indígenas brasileiros Kiukuro, do Alto Xingu, existia a lenda de Kanassa, o homem que dominou o fogo. Ele criou uma armadilha com a carcaça de um veado para descobrir o segredo do fogo, que pertencia ao urubu-rei. Preso, o pássaro acabou cedendo uma brasa a Kanassa. Também lhe explicou como produzir fogo, um marco importante para a humanidade.

A saga de Prometeu

Na mitologia grega, a conquista do fogo também dependeu do esforço isolado de um homem: Prometeu. Ele foi ao céu para acender uma tocha no sol e presentear os homens. Os deuses consideraram a atitude de Prometeu uma ousadia e o condenaram a um castigo eterno e horrendo: ele ficaria preso no alto de uma rocha e teria o fígado dilacerado por uma águia. Quando o órgão se reconstituísse, a ave o atacaria novamente.

Tanto no mito brasileiro quanto no grego, a conquista do fogo se dá a partir de uma apropriação, porque o fogo não pertencia aos homens. Kanassa e Prometeu são considerados heróis. A apresentação desses relatos comprova que a humanidade recorre aos mitos e aos símbolos religiosos para entender a dinâmica da natureza e das relações sociais, além do sentido da existência.

As visões do Mito

No século XIX, um movimento filosófico conhecido como positivismo colocou em campos opostos os mitos e a razão. Os positivistas acreditavam que a maturidade do espírito humano deveria superar as narrativas mitológicas.

Mas o século XX reabilitou o poder do mito, graças aos avanços das ciências sociais e da mente. Quem contribuiu bastante para isso foi o pensador romeno Mircea Eliade (1907 – 1986). Eliade entedia que compreender os mitos significa, necessariamente, mergulhar na cultura, na religiosidade, nos costumes e no comportamento social de um povo.

Casamento e arte

Eliade dizia que a principal função do mito é revelar as atividades humanas significativas em tempos muito remotos.

Quando um mito de uma determinada civilização é explorado, é possível descobrir mais sobre o trabalho, a arte, os contratos sociais (casamentos) e as manifestações artísticas dessa civilização.

> "No desenvolvimento da cultura humana, não podemos fixar um ponto onde termina o mito e a religião começa. Em todo o curso de sua história, a religião permanece indissoluvelmente ligada a elementos míticos e repassada deles."
>
> **Mircea Eliade, mitólogo e filósofo romeno**

Tales de Mileto: pioneiro da filosofia

Na transição entre mitos e logos, surge a filosofia. Tales de Mileto é o nome do primeiro filósofo grego conhecido. Conhecedor de geometria e astronomia, Tales viveu entre oito e sete séculos antes de Cristo e defendia que os acontecimentos do mundo eram provocados por causas naturais, sem intervenções sobrenaturais.

Ele considerava que a água era a matéria-prima do cosmos, já que o elemento podia assumir diferentes formas: sólida, líquida ou gasosa. Mas essa suposição não é tão importante quanto o fato de que ele foi o primeiro pensador a eleger a razão para observar o cotidiano e a questionar o propósito da vida. Tales fundou a Escola de Mileto e é considerado um filósofo pré-socrático, ou seja, que antecedeu Sócrates, o mestre de Platão.

Outros pré-socráticos

Pitágoras:	Combinou filosofia e matemática para explicar o universo. Era aluno da Escola de Mileto.
Empédocles:	Propôs a teoria de que o mundo surgiu da combinação de quatro elementos: fogo, terra, ar e água.
Heráclito:	Entendia que um logos divino criou o universo. E defendia que todas as coisas do mundo estão em constante transformação.

Parmênides:	Na contramão de Heráclito, reforçou que o universo é imutável e eterno. E que nossos sentidos não captam a essência do universo, pois não são confiáveis.
Demócrito e Leucipo:	Foram os primeiros a sugerir que o cosmos era formado por partículas minúsculas, os átomos (*atomo*, em grego, significa aquilo que não pode ser fracionado).
Protágoras:	Estabeleceu que todas as coisas no universo são relativas e que as verdades se formam a partir de perspectivas humanas.

"Ninguém se banha duas vezes no mesmo rio."

Heráclito, filósofo pré-socrático que defendia que tudo está em mutação no universo

O fator Sócrates

Os pré-socráticos foram importantes para a construção da filosofia de Platão, mas nenhum pensador foi tão determinante como o próprio Sócrates.

Considerado, ao lado de Platão e Aristóteles, um dos fundadores da filosofia no Ocidente, Sócrates deu uma contribuição inestimável à elaboração do pensamento filosófico ao instituir seu método de investigação.

Esse método, que ficou conhecido como "socrático" ou "dialético", foi tão revolucionário que fez com que o nome de Sócrates ficasse registrado para sempre na história da civilização ocidental, ainda que ele não tenha deixado nenhum escrito, lançado teorias nem fundado escolas. É fato que esse método ganhou notoriedade por ter sido abraçado por Platão, aluno e discípulo fiel de Sócrates.

Como é o método

O método socrático consiste em fazer perguntas. O questionador se coloca numa posição de profunda ignorância sobre um determinado assunto e, por meio de indagações, desmonta as certezas do seu interlocutor (leia "Como funciona o método socrático?"), apontando suas contradições e levando-a a novas reflexões.

"Só sei que nada sei."

Sócrates, criador do método dialético ou socrático

Como funciona o método socrático?

Imagine esse diálogo hipotético:

Pessoa A: - O que significa amar para você?

Pessoa B: - Significa desejar o bem a outra pessoa.

Pessoa A: - O que você entende por desejar o bem?

Pessoa B: - Desejar que ela seja feliz, que conquiste a felicidade.

Pessoa A: - A conquista da felicidade significa o que você considera que pode fazer essa pessoa feliz ou o que ela considera?

Pessoa B: - O que ela considera, claro.

Pessoa A: - Caso essa pessoa considere que alcançar a felicidade significa possuir sua casa, seu carro e seus pertences, você faria essas doações a ela?

Pessoa B: - Não, não poderia doar.

Pessoa A: - Então, para você, amar significa desejar a felicidade que você julga ser adequada a alguém, e não o que esse alguém julga adequado para si mesmo?

Pessoa B: - Sim, é isso mesmo. Terei que reformular minha frase.

Eixo da filosofia

A novidade do método socrático ou dialético é que a investigação começa pela convicção do desconhecimento do objeto ou conceito a ser analisado. Até aquele momento, os pensadores faziam exatamente o contrário: investigavam o que conheciam preliminarmente ou partiam de ideias preconcebidas. O método socrático se tornou o eixo da filosofia ocidental e das ciências empíricas, como a biologia, química e física.

Condenação e morte

Sócrates reuniu muitos alunos em Atenas, mas sua atitude era diferente dos pensadores de sua época. Em vez de levar os estudantes aos bosques para cultuar os deuses, o filósofo propunha discussões sobre coragem, verdade, lealdade, amor e justiça por meio do seu método dialético.

Essa conduta não agradou aos poderosos, que pressionaram os governantes a condenar Sócrates à morte. Na sentença, ele foi acusado de corromper a juventude ateniense e incitar a destruição das tradições gregas. Foi lhe dada a opção do exílio, desde que renunciasse às suas opiniões, mas ele escolheu morrer. O castigo aplicado foi um copo de veneno (cicuta). Isso aconteceu em 399 a.C., levando Platão a assumir uma postura ainda mais cética em relação à democracia grega.

Discípulo fiel

Platão conviveu com Sócrates por, aproximadamente, dez anos – os últimos dez anos de vida de Sócrates. E eternizou o mestre em seus diálogos, adotando a argumentação socrática para debater questões morais e políticas, além de refletir sobre a natureza e o surgimento do cosmos. Em *Apologia*, ele descreve o processo a que Sócrates foi submetido, incluindo a defesa do mestre e suas convicções sobre a vida e a morte.

"A vida irrefletida não vale a pena ser vivida."
Sócrates

História: a Grécia de Platão e Sócrates

Platão e Sócrates viveram numa Grécia que experimentava seu período mais glorioso. O período durou duzentos anos e permitiu a expansão da literatura, da arquitetura, das ciências e da filosofia, campos do saber que exerceram enorme influência no ocidente.

O modelo político da cidade-Estado Atenas também tinha uma atmosfera de novidade: a democracia. Clístenes (565-492 a.C.) foi um dos principais nomes que contribuíram para que a

Grécia trocasse a aristocracia, ou seja, o poder concentrado nas mãos de um pequeno grupo, pela democracia, igualando direitos e deveres dos cidadãos atenienses, um princípio conhecido como isonomia.

Era de ouro

Estudiosos da história da filosofia garantem que esse ambiente de florescimento político e cultural contribuiu para que Sócrates e Platão repercutissem suas ideias. Porém, a condenação à morte de Sócrates levou Platão a duvidar da eficiência da democracia. O filósofo chegou a dizer: "A democracia vira despotismo", ou seja, tirania, opressão. Quando Sócrates morreu, Platão deixou Atenas. Ele foi até Sicília, onde tentou aplicar um modelo de governo em que os filósofos estivessem no comando, mas não obteve sucesso.

> "Somos uma democracia porque a administração pública depende da maioria, e não de poucos. Nessa democracia, todos os cidadãos são iguais perante as leis para resolver os conflitos particulares."
>
> **Péricles, líder político ateniense**

Democracia? Mais ou menos...

É preciso esclarecer que a democracia na Grécia de Platão e Sócrates não era exatamente um sistema político que praticava a igualdade de direitos e deveres para todos os cidadãos, como os democratas da atualidade defendem. Isso porque, só eram considerados cidadãos gregos os homens acima de trinta anos, cujos pais tivessem nascido em Atenas, o que correspondia a menos de 10% da população.

Então, quem não era classificado como cidadão na Grécia? Mulheres, crianças, jovens, escravizados e estrangeiros. Ou seja, quase 90% dos habitantes não tinham permissão para falar em assembleias nem estavam protegidos pelas leis.

Políticos sorteados

Uma curiosidade: na democracia ateniense, os cidadãos participavam de um sorteio para definir quem seriam os políticos. Já as decisões sobre assuntos relacionados à cidade-Estado de Atenas eram discutidas e aprovadas em assembleia. Embora fosse bem excludente, o sistema democrático grego nunca havia sido praticado antes, o que reafirma o pioneirismo da civilização grega também na política.

Significado de democracia

Democracia, palavra de origem grega, é uma soma dos vocábulos *dêmos*, que significa "povo", e *kratía*, que quer dizer "poder". O significado é, então, "o poder do povo".

Como funcionava o modelo político grego

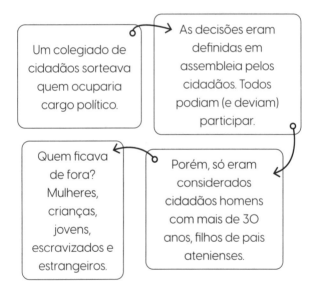

Um colegiado de cidadãos sorteava quem ocuparia cargo político.

As decisões eram definidas em assembleia pelos cidadãos. Todos podiam (e deviam) participar.

Quem ficava de fora? Mulheres, crianças, jovens, escravizados e estrangeiros.

Porém, só eram considerados cidadãos homens com mais de 30 anos, filhos de pais atenienses.

PARA FIXAR NA MEMÓRIA

▶ A filosofia estabelece a observação do mundo e das relações humanas de modo racional, substituindo os relatos míticos, que explicavam o universo e os fenômenos naturais com a participação direta de figuras sobrenaturais;

▶ A consolidação da filosofia é uma consequência da transição do mito ao *logos* (razão);

▶ Tales de Mileto é considerado o pioneiro da filosofia grega. Sua principal contribuição é eleger a razão para explicar a realidade – sem recorrer a deuses ou seres fantásticos;

▶ Sócrates é a principal inspiração de Platão, de quem foi mestre e com quem conviveu por dez anos;

▶ Foi o filósofo Sócrates quem instituiu o método dialético, ou socrático, que consiste em fazer perguntas, argumentar incessantemente e derrubar os argumentos do interlocutor, levando-o a uma nova reflexão;

▶ Sócrates foi condenado à morte pelos governantes atenienses, acusado de corromper a juventude. Ele não deixou escritos. Coube a Platão eternizar suas teorias, também utilizando a técnica argumentativa;

▶ Platão e Sócrates viveram a era de ouro grega, durante o florescimento da literatura, arquitetura, ciências e filosofia, campos do saber que exerceram enorme influência no mundo ocidental.

3

PENSAMENTO DE PLATÃO

As dez ideias elencadas neste capítulo ajudam a resumir o pensamento de Platão. Dessas dez ideias, a mais emblemática é a oposição entre mundo das ideias e mundo dos sentidos. Platão dizia que nossa realidade concreta (mundo dos sentidos) é uma cópia de uma dimensão superior (mundo das ideias). Há quem traduza o mundo das ideias como a esfera espiritual dos religiosos. Mas há outras interpretações.

No livro *Filosofia como esclarecimento* (editora Autêntica), por exemplo, os autores Bruno Guimarães, Guaracy Araújo e Olímpio Pimenta sugerem que o mundo das ideias é o conjunto de manobras políticas e de jogos de interesses que articulam as ações numa sociedade organizada.

Para se libertar desse aprisionamento, deveríamos assumir uma postura crítica em relação ao *status quo* (estado atual das coisas) e buscar uma transformação social.

Ideia 1 - O mundo das ideias

Para Platão, a realidade concreta, percebida pelos sentidos, é um reflexo de outro mundo, que ele chama de "mundo das ideias". O mundo das ideias agrega as formas puras de tudo o que existe na realidade concreta, sejam objetos ou conceitos abstratos.

Por exemplo, no mundo das ideias, há um cavalo ideal. Assim, os cavalos com que nos deparamos no dia a dia são cópias ou versões desse cavalo ideal. Da mesma forma, o mundo das ideias abriga um conceito ideal de justiça. No cotidiano, as ações ligadas à justiça que praticamos são variantes menores desse conceito.

Mundo das ideias:	**Mundo dos sentidos:**
É uma dimensão que reúne as formas puras de tudo o que existe na realidade concreta, desde objetos (cama, cachorro, carro) até valores morais (justiça, bondade, honestidade). Exemplo: no mundo das ideias, não pensamos num avião determinado, mas numa ideia de avião, um avião em si.	É a realidade do dia a dia. O que há nesse mundo, como cachorros ou atos de bondade, são reflexos das formas puras presentes no mundo das ideias. A cópia do avião em si, que pertence ao mundo das ideias, pode ser encontrada no mundo dos sentidos, ou seja, nossa existência concreta.

Corpo e alma

Ainda sobre o mundo das ideias: Platão defende que, quando nascemos, nossas mentes carregam resquícios das formas puras, presentes no mundo das ideias, embora não tenhamos consciência disso.

> Quando, por exemplo, observamos um cavalo ou aprendemos um conceito associado à justiça, nossa memória reage em função dessas lembranças do mundo das ideias.

Para o filósofo grego, a alma humana, antes do nascimento, habitava o mundo das ideias e deverá voltar para lá após a morte. Isso significa que somente depois da morte poderemos restabelecer contato com o mundo das ideias? Não. Em vida, também é possível por meio do uso da razão, um atributo da alma — e não do corpo físico, que controla apenas os sentidos.

Eterno ou mutante

O QUE É DURADOURO?	O QUE É TRANSITÓRIO?
O mundo das ideias, onde tudo é eterno e imutável, assim como a alma humana.	O mundo dos sentidos, onde tudo está em transformação, ou seja, nada é perene.
Qualidades do mundo das ideias: perfeição, equilíbrio, beleza e harmonia.	**Qualidades do mundo dos sentidos:** desajustes, erros, maldades e mudanças.

X

Ideia 2 - A alegoria da caverna

Para ilustrar a contraposição entre mundo das ideias e mundo dos sentidos, Platão registrou na sua obra *A república* a alegoria (ou mito) da caverna. Imagine que você foi aprisionado com as costas voltadas para a abertura de uma caverna. À sua frente, há uma fogueira e a parede da própria caverna.

Assim, tudo o que passa diante da abertura da caverna é refletido na parede por conta da posição estratégica da fogueira. Pessoas, animais ou objetos passam às suas costas, mas você só captura os reflexos na parede: eis o mundo dos sentidos. No seu entendimento, as sombras são, de fato, a realidade, mas elas apenas reproduzem as formas puras existentes no exterior da caverna, ou seja, o mundo das ideias.

Ato de protesto

Para acessar essas formas puras, você precisaria se libertar das correntes e olhar para trás. Mas o comodismo pode ser mais forte do que a vontade de se rebelar contra a condição de prisioneiro. Por isso, há muito mais gente vivendo no mundo dos sentidos do que no mundo das ideias.

Dois olhares

Os estudiosos da obra de Platão interpretam a alegoria da caverna sob duas perspectivas: a epistemológica (ligada ao conhecimento) e a política. A primeira consiste na "ilustração" da teoria do filósofo sobre a contraposição entre o mundo das ideias e o dos sentidos. Já a segunda se relaciona com o poder. Como o mundo das ideias é acessível apenas aos sábios, em menor número do que o restante da sociedade, cabe a esses sábios instruir e governar a grande massa.

Democracia e desilusão

Essa perspectiva está relacionada ao pensamento político grego da época do filósofo. O século

V antes de Cristo é considerado o auge da Grécia, mas a derrota de Atenas na guerra[1] contra Esparta e a condenação e morte de Sócrates deixaram Platão desiludido com a democracia.

Por isso, ele reforça que aos homens comuns é atribuído um conhecimento imperfeito, mais parecido com opiniões (em grego, *doxa*), enquanto os sábios detêm a ciência (em grego, episteme) e, por isso, possuem a habilidade para governar.

Ideia 3 - O conceito de "Bem"

O "Bem" é um conceito estrutural para quem deseja compreender a filosofia de Platão. Como defende que a realidade é dividida em duas esferas distintas,

---

[1] Também chamado de Guerra do Peloponeso, o conflito entre Atenas e Esparta durou 27 anos. O motivo: o poderio econômico de Atenas estava em pleno desenvolvimento, ameaçando os espartanos. Por ter derrotado Atenas, Esparta assumiu o controle da Grécia.

o mundo das ideias e o mundo dos sentidos, o filósofo posiciona o "Bem" no ápice da hierarquia do mundo das ideias. Para Platão, o "Bem" representa a perfeição e também é sinônimo de beleza suprema. Muitos estudiosos classificam o conceito de "Bem" platônico como o "Deus de Platão". Quando desenha o conceito de "Bem", Platão estabelece que todas as coisas e os seres vivos não existem realmente se não estiverem enquadrados nesse conceito de "Bem". "Existir realmente" significa uma existência em si, longe das ilusões do mundo dos sentidos.

Heráclito e Parmênides

No capítulo 2, você acompanhou o pensamento dos filósofos pré-socráticos, ou seja, que antecederam Sócrates. Dois deles, acima dos demais, ajudaram a inspirar o pensamento de Platão: Heráclito e Parmênides. Ambos defendiam teses completamente contrárias: Heráclito dizia que o mundo está em constante transformação, enquanto Parmênides afirmava exatamente o contrário — nada muda nem morre realmente.

Platão somou as duas visões e chegou a uma conclusão: o mundo das ideias, em que o "Bem" prevalece é, de fato, imutável, imóvel e eterno, como sustentava Parmênides. Já o mundo dos sentidos, onde cópias do "Bem" se reproduzem, se assemelha à visão de Heráclito: coisas, pessoas e conceitos sempre mudam – nada dura.

O certo e o errado

Se o "Bem" absoluto se encontra no mundo das ideias, o mal é resultado das imperfeições do mundo dos sentidos, ou seja, o nosso dia a dia. Isso está claro para Platão, que entende que "certo" e "errado", ao contrário do que dizia Protágoras, são termos absolutos. Protágoras, filósofo pré-socrático, defendia que a verdade é algo relativo.

Virtude é conhecimento

Em sua obra *A república*, Platão evoca seu mestre Sócrates para debater conceitos morais. Por meio do método dialético ou socrático, ele concorda com Sócrates, para quem "a virtude é conhecimento" e para quem uma ação, a fim de ser considerada justa, deve ser precedida por outro questionamento: o que é justiça? Porém, argumenta Platão, se o conceito de justiça for relativo como supunha Protágoras, deve existir outra esfera da realidade no qual a justiça esteja livre de mudanças, fatos aleatórios e circunstâncias históricas, tão comuns ao mundo dos sentidos. Será uma justiça plena, pura, imutável. É assim que Platão reforça sua confiança no mundo das ideias.

A verdade relativa de Protágoras

Você vive em uma cidade em que a média salarial é R$ 1.500,00.	A cidade do seu amigo A paga em torno de R$ 500,00.	Já na cidade do amigo B, a média é R$ 3.000,00.
O amigo A se muda para sua cidade para trabalhar: ele vai considerar que prosperou.	>	O amigo B, que se muda com o mesmo propósito, vai considerar que retrocedeu.

Ou seja, a verdade depende das perspectivas humanas.

Ideia 4 - A missão do filósofo

Platão tem uma ideia clara de qual é a missão de todo filósofo: investigar as formas puras presentes no mundo das ideias para, então, conhecer o sentido do mundo e a essência dos valores morais. Na opinião dele, cabe aos pensadores governar a sociedade, já que só eles têm a capacidade de acessar o mundo das ideias, que guarda distância das ilusões e dos equívocos do mundo dos sentidos.

Vida digna

O filósofo usou uma frase de impacto para reafirmar seu desejo: "Até que os filósofos sejam reis, as cidades jamais estarão a salvo de seus males". É preciso entender o que ele quer dizer com esse termo – "males". Na visão de Platão, males representam tudo o que distancia os homens de uma "vida digna".

Vida digna, espécie de aspiração ideal dos antigos gregos, significa uma existência pautada por virtudes consideradas fundamentais, como sabedoria, generosidade e justiça – não tem nada a ver com sucesso financeiro, realização pessoal e, muito menos, prestígio. Assim, como os filósofos se espelham nessas virtudes para conquistar a vida digna, nada melhor do que transferir o poder para eles governarem a sociedade, já que apenas quem contempla o mundo das ideias tem condições de atuar como agente de transformação política.

"Até que os filósofos sejam reis, as cidades jamais estarão a salvo de seus males."

Platão

A função do Estado

Na opinião de Platão, cabe ao Estado promover a vida digna tão ansiada pelos atenienses. O problema é que, segundo ele, isso ainda não havia se tornado realidade, já que o Estado ideal estava longe de se concretizar. E por qual motivo? Pelo fato de que os governantes sem visão filosófica agem somente em nome de seus próprios interesses em vez de focar na vocação do Estado, isto é, permitir que todos levem uma vida plena.

O filósofo destaca que é a ignorância dos governantes que faz girar essa roda. Como eles não têm conhecimento das virtudes que permitiriam a uma sociedade experimentar a vida plena, tendem a induzir os cidadãos a desejar coisas erradas, como dinheiro, poder e honra. Platão ressalta também que a busca pelo poder acirra uma disputa entre todos, o que acaba comprometendo a estabilidade do Estado.

Prazeres mundanos

Ao apresentar esses argumentos, Platão reforça que cabe aos filósofos assumir o governo para corrigir essas distorções. Como os filósofos não se apegam a prazeres mundanos, não rivalizam entre si e estão determinados a promover o conceito de vida digna, a estabilidade do Estado estaria assegurada, e as virtudes seriam cada vez mais disseminadas entre os cidadãos. Platão concebeu o modelo de Estado governado por filósofos após a morte de Sócrates. Ele considerou a condenação à morte de seu mestre profundamente injusta. Entendeu que a democracia grega era um sistema nocivo, que deveria ser substituído.

Filósofo na liderança

Ideia 5 - A questão da democracia

Na Grécia Antiga, a democracia representou uma alternativa à monarquia e à oligarquia (governo nas mãos de um pequeno núcleo de poder). Embora fosse excludente e restrita àqueles que eram considerados cidadãos — homens com mais de trinta anos, nascidos em Atenas e com pais atenienses —, configurou um embrião do modelo democrático que é aspirado hoje no mundo contemporâneo.

Platão discordava da essência da democracia na Grécia Antiga, que buscava dar voz aos habitantes considerados cidadãos. Ele acreditava que os filósofos é que deveriam ocupar as cadeiras de governantes — e não os cidadãos comuns —, pois só eles teriam condições de propagar virtudes, dominar a ciência política e sustentar a coesão do Estado.

Escola de sábios

Como imaginou que essa sugestão poderia não receber adesão, Platão recomendou que os governantes virassem filósofos. Mas ponderou que nem todos estariam aptos a desenvolver habilidades filosóficas. Então, propôs que essas habilidades fossem semeadas junto a uma elite intelectual: aqueles que despontassem deveriam ser separados de suas famílias e agrupados em outra estrutura física para que pudessem se desenvolver e, no momento certo, assumissem cargos políticos.

"Democracia é cheia de variedade e desordem, dando igualdade para os iguais e para os desiguais da mesma forma."

Platão

Aristocracia da inteligência

Ao defender que filósofos se tornem governantes, Platão abraça a ideia de uma "aristocracia da inteligência". Esse modelo é chamado de "sofocracia" ("poder da sabedoria"), já que determina que o poder fique nas mãos de um grupo de pessoas consideradas sábias. O filósofo grego chegou a imaginar uma cidade utópica chamada "Callipolis" ("Cidade Bela"). Essa cidade ideal deveria inspirar todas as outras no mundo, já que permitiria aos pensadores que detivessem o poder.

Como o filósofo desaprova a democracia, já que julga o povo inapto a governar, ele alerta que esse sistema político poderia gerar formas degeneradas como a "demagogia". O demagogo é o político que engana e induz o povo – demagogia significa, etimologicamente, "o que conduz o povo". A democracia também poderia produzir a tirania, forma de governo exercida por um só homem, sem compromisso com o bem comum.

Elitismo

Pensadores posteriores que analisaram a obra de Platão consideraram as ideias do filósofo extremamente elitistas. Ainda que ele quisesse superar a democracia e instaurar um governo em que prevalecesse, sobretudo, a justiça, suas sugestões ficaram associadas ao totalitarismo e ao paternalismo, uma vez que ele defendia que somente uma elite teria condições de decidir o que é melhor para todos.

> "A política é a arte de governar os homens com o seu consentimento."
>
> **Platão**

Ideia 6 - O cosmos

Platão acredita que a origem do mundo partiu de uma divindade (demiurgo), princípio capaz de organizar a matéria preexistente. Assim, demiurgo seria o artesão divino, ou seja, aquele que colocou ordem no caos, constituindo a matéria. Nos seus escritos, ele identifica esse princípio organizador com o "Bem", o ápice da perfeição no mundo das ideias. A teoria do surgimento do mundo é conhecida como cosmologia.

Para Platão, reminiscências do mundo das ideias brotam em todas as pessoas assim que elas nascem. Como o mundo das ideias é habitado pelas almas, cada nova vida carrega a lembrança da realidade imutável e eterna que antecedeu o nascimento. É para lá que deveremos voltar após a morte, mas não é preciso esperar tanto, desde que as pessoas se deixem guiar pelos filósofos. Só esses têm a capacidade de conduzir os seres humanos da realidade dos sentidos ao mundo ideal, onde o "Bem" se encontra, de acordo com Platão.

Teoria cosmológica de Platão
Como surgiu o mundo

Um princípio criou o universo e organizou a matéria: demiurgo (Deus).	Esse princípio está associado ao "Bem" supremo, que domina o mundo das ideias.
As pessoas comuns vivem no mundo dos sentidos e não acessam o mundo das ideias.	Cabe ao filósofo conduzir as pessoas do mundo dos sentidos ao mundo das ideias.

Prerrogativa da matemática

Quando a pessoa concorda em ser instruída por um filósofo para alcançar o mundo das ideias, é necessário que ela se dedique também ao estudo da matemática. Uma curiosidade: no portal da Academia de Platão, havia uma frase assim: "Não entre aqui quem não souber geometria".

Mas por que a matemática? Os seguidores de Platão reforçam que a matemática contempla realidades que não passam pelo filtro dos sentidos. Na geometria, quando se pensa numa forma, não há necessidade de imaginar a figura concreta que ela representa. Isso significa que as formas puras da geometria habilitam o pensador a vislumbrar o mundo das ideias. Portanto, o estudo da matemática e da geometria funcionaria como um gatilho para quem deseja mergulhar no conhecimento das essências, o objeto central dos filósofos.

Pitágoras

Essa aproximação com a matemática não nasceu com Platão, e sim com Pitágoras (570 – 495 a.C.), outro filósofo pré-socrático apresentado no capítulo 2. Esse filósofo uniu a filosofia e a matemática em busca de trazer uma explicação para o começo do universo e fundou, no sul da Itália, uma comunidade dedicada a estudos místicos e acadêmicos.

O chamado Teorema de Pitágoras ("a soma dos quadrados dos catetos corresponde ao quadrado de sua hipotenusa", constatação feita pelo filósofo a respeito dos triângulos com ângulo reto) sugeria que as fórmulas matemáticas são regidas por princípios e conceitos passíveis de elucidação, o que indicava, portanto, que a matemática poderia ser capaz de explicar o surgimento do mundo.

"A razão é imortal. Todo o resto é mortal."
Pitágoras, filósofo pré-socrático

Ideia 7 - A superficialidade dos sofistas

Sócrates e Platão tinham sérias diferenças com os sofistas — como ficaram conhecidos os professores de legislação e retórica que circulavam em Atenas durante a "Era de Ouro", no século V antes de Cristo. Para os dois filósofos, os sofistas não tinham compromisso com a filosofia legítima.

Marco de erudição e cultura na época, Atenas recebia pessoas de toda a Grécia, inclusive Protágoras, que nasceu na região nordeste do país. Filósofo pré-socrático que influenciou Platão, Protágoras dava aulas de legislação e retórica para quem se dispusesse a pagar. Também integrava uma equipe de conselheiros que auxiliavam as pessoas que iam a julgamento — ainda não existia a figura do advogado. Ele é considerado o maior sofista grego.

Medida de todas as coisas

Esse filósofo, que chegou a escrever uma constituição para uma colônia grega a mando do governante Péricles, era fiel ao relativismo de todas as coisas, inclusive a verdade e os conceitos de bem e mal. É dele a frase famosa: "O homem é a medida de todas as coisas", à qual Platão se opõe. "Segundo Platão, essa sentença é falsa porque não podemos afirmar que a cada um há a sua verdade. Existe o ser, a ideia suprema de 'Bem', que é a medida de verdade e justeza de todas as coisas", esclarece o professor Danilo Andreatta, mestre em história da filosofia, política e ética pela Universidade Estadual Paulista, câmpus de Marília, e professor da UNISAGRADO, de Bauru.

> "Muitas coisas impedem o conhecimento, incluindo a obscuridade do tema e a brevidade da vida humana."
>
> **Protágoras, filósofo pré-socrático**

Filosofia da linguagem

Embora Platão tenha concordado que o mundo dos sentidos carrega uma natureza relativa e subjetiva, como estabelecia Protágoras, ele não enxerga autenticidade no discurso dos sofistas. Para ele, os sofistas não estavam preocupados em apurar o conhecimento e descobrir a essência de todas as coisas, como convinha a um filósofo. O interesse deles era apenas preparar uma pessoa para vencer um debate, sem a preocupação de examinar a fundo o tema avaliado.

"O debate de Platão com sua tradição e com os pensadores conhecidos como sofistas gerou uma rica análise sobre o papel da linguagem, como esta expressa a realidade, se ela é mera convenção ou se há uma correspondência entre o nome das coisas e sua essência", analisa Christiani Margareth de Menezes e Silva, doutora em filosofia pela Pontifícia Universidade Católica do Rio de Janeiro e professora adjunta de filosofia da Universidade Estadual de Londrina (UEL).

"Esta é uma questão atual tanto para a chamada filosofia da linguagem, quanto para os linguistas ou para quem se interessa pelo assunto". Filosofia da linguagem é o ramo da filosofia que estuda os fenômenos linguísticos.

Função e uso dos nomes

Em um de seus diálogos, Platão foca a constituição, função e o uso dos nomes, observando a possibilidade de correlação entre eles. Será que os nomes são resultados de uma convenção ou carregam uma designação "natural"? Ele conclui que a designação de algo depende de um profundo conhecimento do objeto a ser nomeado.

Ideia 8 - A valorização da ciência

Sob a ótica de Platão, a ciência é algo a ser conquistado a partir da superação dos sentidos. Como a filosofia grega estabelece a hierarquia entre razão e sentidos, cabe ao homem discernir os enganos inerentes à realidade concreta (mundo sensível) para que seu espírito possa, enfim, dedicar-se à contemplação das ideias (mundo das ideias).

Na visão do filósofo, o homem comum, dominado pelos sentidos, só consegue adquirir conhecimentos imperfeitos, distorcidos e atrelados à realidade dos fenômenos, que é transitória e está em constante transformação.

Filósofo ou filodoxo?

"Neste ponto, Platão faz a diferenciação de dois termos: filósofo, que conforme Pitágoras, na determinação do próprio termo filosofia, o definiu como amigo (*filia*) da sabedoria (*sofos*), e filodoxo, que significa amigo da opinião", esclarece o especialista e professor Danilo Andreatta, do Centro Universitário UNISAGRADO.

De acordo com o especialista, Platão acreditava que todo homem enfrentava uma luta diária que envolvia deixar de ser filodoxo e buscar ser filósofo; amigo da sabedoria.

Ciência e filosofia

Na época de Platão, tanto a ciência quanto a filosofia costumavam andar de mãos dadas (aliás, a separação entre esses dois campos de estudo só se daria no século XVII, com o renascimento científico[2] fundamentado no racionalismo). Como já foi explicado, os filósofos pré-socráticos estavam interessados em se desligar do pensamento mítico e assentar as bases da racionalização. O objetivo era buscar o princípio de todas as coisas do universo, um conceito conhecido como *arché*.

Pitágoras, que avançou nos estudos da matemática e da geometria, considerava os números a verdadeira *arché*. Também contribuíram para a construção do conhecimento, a partir da matemática, Tales de Mileto e Euclides. Outra ciência desenvolvida entre os gregos foi a mecânica, cujo principal nome é Arquimedes (século III a.C.).

---

[2] Movimento de avanço da ciência devido ao renascimento artístico italiano. Guiado pelo racionalismo, que estabelece a razão como fonte confiável de conhecimento, transformou a maneira de enxergar o mundo e plantou as sementes da ciência moderna. Principais nomes: Galileu Galilei, Isaac Newton, Francis Bacon e René Descartes.

Filosofia x prática

Na Grécia Antiga, a aplicação de técnicas em tarefas práticas não era um trabalho valorizado. Essa "mão na massa" era reservada aos escravizados, e não àqueles que eram considerados cidadãos. Por isso, as atividades manuais tinham menos importância do que as atividades intelectuais associadas ao saber contemplativo.

Ideia 9 - A concepção do amor

Para entender o que Platão pensa sobre o amor, é preciso primeiro investigar como ele enxerga o corpo humano. De acordo com a teoria platônica sobre a divisão da realidade entre mundo das ideias e mundo dos sentidos, corpo físico e alma (ou espírito) são entidades separadas, com essências diferentes.

Antes do nascimento, a alma residia no mundo das ideias, onde tinha contato com objetos e conceitos em suas formas puras, conforme explicado neste capítulo. A partir do nascimento, no entanto, a alma começa a se submeter aos sentidos e sofre uma deturpação, já que se torna refém do corpo físico. Por esse motivo, ela é separada em duas partes: a alma do intelecto (superior) e a alma do corpo (inferior). A alma do intelecto, posicionada na cabeça, é aquela que pode, por meio da razão e do exercício contemplativo, dominar o conhecimento verdadeiro ao acessar o mundo das ideias. Já a alma do corpo é irracional e tem duas subdivisões: a irascível, situada no peito, e a concupiscente, localizada no baixo ventre.

Três almas

1. A alma do intelecto /racional é aquele que alcança a razão. Deve dominar as outras duas, consideradas inferiores. É imortal.

2. A alma irascível guarda os sentimentos humanos, como raiva, coragem e amor. Tem função autoprotetora e é mortal.
3. A alma concupiscente controla as necessidades básicas do corpo, como fome, sede e desejo sexual. Morre com o corpo físico.

Eros e logos

Uma vez que o amor é uma pulsão da alma irascível e as experiências sexuais pertencem à alma concupiscente, fica claro que Platão considera *eros* (desejo, amor) menor do que *logos* (razão, conhecimento). Para o filósofo, o segundo deve estar subordinado ao primeiro.

"O amor *eros*, tratado em, *O banquete*, é a atração por aquilo que ainda não se possui. Trata-se de um amor que é constante busca, ou seja, que nunca se realiza, pois, caso se realizasse, deixaria-se de amar. É corriqueiro no senso comum tratar esse amor como `amor impossível´, perdendo, às vezes, o que é mais preciso em sua definição: a busca de realização", cita o professor Danilo Andreatta, do UNISAGRADO. O amor impossível mencionado pelo professor também é conhecido como amor platônico, popularmente tratado como um amor irrealizável, inacessível.

Discípulos de Eros[3]

Na mesma obra, *O banquete*, Platão destaca que, na juventude, a admiração pela beleza física pode despertar o amor. Porém, ele ressalva, o

---

[3] Na mitologia grega, Eros (desejo, amor) é um deus grego que se apaixona por Psique (alma). Incomodada com a beleza de Psique, a deusa Afrodite, mãe de Eros, submete a nora a inúmeros sofrimentos. É quando Eros recorre a Zeus para libertar a amada. Ele a liberta e o casal se reencontra para viver plenamente o amor.

verdadeiro discípulo de Eros (deus do amor na mitologia grega) deve considerar mais importante os atrativos imortais da alma do que os atrativos perecíveis do corpo físico.

A busca da metade original

No diálogo de Platão, *O banquete*, oradores gregos debatem a questão do amor, e cabe ao dramaturgo Aristófanes[4] relatar o mito dos seres esféricos. No começo do mundo, a raça humana tinha outro "design": nossos antepassados eram duplos e em formato de bola. Cada pessoa era composta de duas metades do mesmo sexo – quatro braços, quatro pernas, dois sexos e duas

---

4   Aristófanes (447 a.C. – 386 a.C.) foi um dramaturgo grego que se notabilizou por produzir comédias. Escrevia sobre políticos e pensadores, usando crítica e humor. Em uma de suas peças, acusa Sócrates de exercer influência negativa nos jovens atenienses.

cabeças, cada uma voltada para um lado. Havia os duplos do sexo masculino, os duplos do sexo feminino e um terceiro sexo, formado por uma metade masculina e outra feminina. Os homens duplos eram descendentes do Sol; as mulheres duplas, da Terra; e os seres andróginos, da Lua.

Um dia, os seres esféricos resolveram desafiar Zeus, o deus supremo do Olimpo, como é chamado o paraíso grego. Irado com tamanho atrevimento, Zeus ordenou que seu filho Apolo, deus da beleza, separasse os seres em dois a fim de enfraquecê-los. Somos, portanto, herdeiros desses seres cindidos, sempre em busca da metade perdida que pode nos completar.

O mito é uma alegoria do amor: quando uma pessoa encontra outra e se apaixona, é bem provável que ela tenha, finalmente, localizado sua outra parte original, destituída por Zeus.

Ideia 10 - Arte grega

Na época de Platão, a arte não tinha o significado que tem hoje: uma forma de interpretar o mundo por meio dos sentimentos. Entre os séculos V e IV a.C., as técnicas desenvolvidas para produção de objetos estéticos tinham como finalidade reproduzir a aparência real das coisas, uma abordagem que ficou posteriormente conhecida como naturalismo.

Portanto, a arte considerada valiosa na Grécia era a que mais se assemelhava aos elementos do cotidiano, sem questioná-lo. O conceito que sustenta a arte naturalista é chamado de mimese, que deriva do termo grego *mímesis*: sinônimo de "imitação". Mas não era assim que Platão enxergava: para ele, *mímesis* era uma forma de representação de um objeto retratado, e não apenas imitação. Ou seja, havia um significado na mimese, e não somente uma tentativa de copiar algo.

É importante enfatizar que alguns estudiosos da obra de Platão afirmam que a tradução de *mimese* para "imitação" é aproximada em face da inexistência, em língua portuguesa, de um vernáculo mais fiel ao termo grego.

Bons exemplos

O filósofo também procura lapidar, segundo suas convicções, o conteúdo da dramaturgia. "Platão critica muito o tipo de pessoa ou personagem (especialmente seu caráter ético) que os poetas épicos, trágicos ou cômicos retratam por esses não serem bons exemplos para a formação dos jovens e crianças, que é uma questão que interessa a várias áreas que lidam com ensino e formação", ressalta a professora Christiani Margareth de Menezes e Silva.

PARA FIXAR NA MEMÓRIA

▶ **Mundo das ideias x mundo dos sentidos**

A existência concreta, que percebemos pelos sentidos, é uma cópia de outra realidade: o "mundo das ideias". O mundo das ideias agrega formas puras de tudo o que há no nosso dia a dia, sejam objetos ou conceitos abstratos.

▶ **O "Bem"**

A ideia de "Bem" significa perfeição e beleza suprema. É do "Bem" que se originam todas as coisas. O "Bem" também legitima a existência real de tudo o que há no universo.

▶ Democracia
Platão era contrário à democracia grega, que dava voz aos habitantes considerados cidadãos (a classe dos cidadãos exclui jovens, mulheres, escravizados e estrangeiros). Ele julgava os políticos comuns inaptos para governar, porque não propagavam virtudes (justiça, generosidade) nem se comprometiam com a estabilidade do Estado, já que só focavam interesses pessoais;

▶ Origem do universo
Um princípio criador (demiurgo, Deus) organizou a matéria e constituiu o universo. Esse princípio está associado ao conceito de "Bem", que domina o mundo das ideias. As pessoas comuns experimentam a realidade no mundo dos sentidos, que é inferior ao mundo das ideias, exclusivamente acessado pelos pensadores por meio da dedicação ao conhecimento;

▶ **Sofistas**

Para Platão, os sofistas, como ficaram conhecidos os professores de legislação e retórica, não têm compromisso autêntico com a filosofia. O interesse deles é apenas capacitar, por meio de remuneração, uma pessoa a ganhar um debate com recursos da argumentação. Sofistas são diferentes dos filósofos, cuja vocação é descobrir a essência de todas as coisas e, dessa forma, vislumbrar o mundo das ideias;

▶ **Ciência**

Platão afirma que a ciência só pode ser completamente dominada quando os sentidos deixarem de conduzir as ações humanas. Naquela época, ciência e filosofia eram segmentos afins (a separação só se daria no século XVII com o renascimento científico, momento de evolução das ciências);

▶ **Amor**

O filósofo considera o amor menos importante do que a razão. E destaca que, embora a beleza física possa despertar o amor na juventude, o homem que se liberta dos sentidos deve valorizar os atrativos da alma, que são perenes, ao contrário dos atrativos do corpo, que são efêmeros;

▶ **Arte grega**

Platão observa que a arte deve servir como representação da realidade, mais do que meramente imitá-la. O termo utilizado é mimese, que deriva do grego *mímesis*, sinônimo de "imitação". Mas alguns estudiosos esclarecem que a tradução para "imitação" é aproximada em face da inexistência de um vernáculo em língua portuguesa mais fiel ao termo grego.

4

CONTROVÉRSIAS E CRÍTICAS

O filósofo Aristóteles nasceu em Estagira, na Calcídica, região da Macedônia. Seu pai era médico do rei da Macedônia Filipe II. Embora tenha sido muito influenciado por Platão, de quem foi aluno, e até estudado na Academia, Aristóteles refutou seu tutor. Ele dizia: "Sou amigo de Platão, mas mais amigo da verdade".

De aluno a crítico

Aristóteles (384 – 322 a. C.) é considerado a principal voz contrária ao pensamento de Platão. Embora tenha sido aluno e professor da Academia do discípulo de Sócrates, esse filósofo se opunha à mais importante teoria platônica: a contraposição entre mundo das ideias e mundo dos sentidos.

Conforme apresentado no capítulo 3, Platão acredita que a realidade com que nos deparamos no dia a dia é uma sombra ou cópia de outro mundo, onde se encontram as matrizes ou formas puras de tudo o que existe no nosso cotidiano. Ele chama a dimensão das matrizes de mundo das ideias; e a da realidade concreta, de mundo dos sentidos.

Mundo natural

Aristóteles nega essa teoria: para ele, a compreensão do mundo está à nossa volta, no mundo natural. Esse filósofo fundou, em Atenas, uma escola filosófica chamada Liceu e tinha especial interesse em estudar plantas e animais. A partir da observação direta, ele procurava classificar as espécies, valorizando a percepção dos sentidos, confrontando Platão.

Personalidades opostas

Embora seja possível associar a área de interesse de Aristóteles ao que hoje chamamos de ciências biológicas, o ex-aluno e professor da Academia de Platão também estudava física, lógica, poética, política e ética, além de metafísica. Nesses estudos, ele acabou invalidando a teoria platônica do mundo das ideias.

Metafísica é a esfera que ultrapassa a dimensão física. Em grego, o prefixo "meta" significa o que está "por trás". Assim, metafísica se refere ao mundo que está por trás desta realidade concreta, como a essência do universo, a existência da alma humana, a existência de Deus. Aristóteles chamava a metafísica de "filosofia primeira".

Matemática x biologia

Estudiosos que se dedicam à compreensão da filosofia no mundo antigo, que vai de 700 a.C.

a 250 d.C., destacam que existe uma diferença profunda na postura dos dois filósofos. Além de formação em matemática, Platão tinha um conhecimento intuitivo e era um grande construtor de pensamentos abstratos, como a teoria do mundo das ideias. Aristóteles, por sua vez, era dono de um espírito prático e um observador atento do mundo natural, o que o levava a considerar que as verdades essenciais não estavam distantes, e sim à nossa volta, à disposição dos sentidos humanos.

"A verdade está no mundo à nossa volta."

Aristóteles

Teoria platônica rejeitada

O ponto central a que Aristóteles se apegou para negar a teoria de Platão foi a divisão dos dois mundos

— das ideias e dos sentidos. A filosofia platônica ensina que o mundo das ideias só pode ser acessado por meio do desenvolvimento da razão e com a aplicação da dialética: a arte da argumentação.

Porém, há um problema: essa filosofia admite que esses dois mundos compartilham elementos comuns: no mundo dos sentidos, residem as formas puras de tudo o que existe no nosso cotidiano, onde se encontram apenas as cópias dessas formas puras.

Esses reflexos sugerem que os dois mundos formam intersecções, o que seria suficiente para unificá-los. Nesse sentido, Platão estaria errado ao conceber esses dois mundos. Por outro lado, caso esses mundos estejam irrevogavelmente separados, não seria possível passar de um ao outro, o que também não fundamentaria a filosofia platônica.

Em que Aristóteles e Platão discordam?

PENSAMENTO PLATÔNICO	PENSAMENTO ARISTOTÉLICO
O mundo das ideias é a verdadeira realidade e fonte de conhecimento real.	Já que o mundo dos sentidos reflete o mundo das ideias, eles se chocam.
O mundo das ideias é uma dimensão separada do cotidiano.	Sendo assim, há apenas um mundo: a realidade concreta.
O cotidiano também pode ser chamado de mundo dos sentidos.	Os sentidos humanos identificam dados e recolhem experiências.
Só podemos alcançar o mundo das ideias por meio da razão.	A realidade concreta auxilia na obtenção do conhecimento real.
Os sentidos humanos atrapalham o acesso ao mundo das ideias.	Para obter esse conhecimento, basta olhar à nossa volta.

Como pensa Aristóteles?

A partir das observações do mundo natural, o ex-aluno de Platão desenvolveu a teoria dos princípios indissociáveis: matéria e forma. Assim, todos os seres são constituídos de matéria – a parte do ser que indica sua particularidade – e forma: a essência comum, o ponto de partida que determina a matéria e lhe confere um caráter universal.

Vamos tomar como exemplo os seres humanos: todos compartilham a mesma forma, já que pertencem à mesma espécie, mas apresentam matérias distintas, já que cada indivíduo carrega consigo características particulares. Aristóteles considerava as formas imutáveis e perfeitas, mas, ao contrário do fundador da Academia, endossava que elas não existiam num mundo à parte, e sim no nosso dia a dia, cabendo ao intelecto separá-las da matéria.

Questões morais

Os conceitos de forma e matéria também se aplicam às questões morais. Aristóteles dizia que, quando nascemos, somos como folhas em branco e dependemos dos nossos sentidos para preencher essas folhas. Pense, por exemplo, nas noções de justiça. Na infância, desconhecemos a "forma" eterna e imutável de justiça. Mas, a partir de nossas vivências, conseguimos reter a "matéria" da justiça, ou seja, as situações em que a justiça prevaleceu, foi praticada, foi ensinada etc. Assim, à medida que adquirimos experiências, identificamos o que pode ser enquadrado como justo e o que não pode. Como? Por meio dos sentidos. Portanto, os sentidos é que nos permitem dominar a "forma" da justiça. São eles que nos guiam para a assimilação da "matéria" nos casos particulares.

"Somos folhas em branco"

Conforme detalhado no capítulo 3, Platão acredita na hipótese das ideias inatas: carregamos conosco, desde o nascimento, resquícios das formas puras de todas as coisas presentes no universo – desde objetos do cotidiano até valores abstratos como justiça e amor. Aristóteles recusa essa premissa: para ele, quando nascemos, somos como folhas em branco, e será o conjunto de observações e vivências recolhidas pelos sentidos humanos que poderá deixar registros nessas folhas.

Dessa forma, para Aristóteles, não há um conhecimento *a priori*, ou seja, anterior à experiência, como acredita Platão. Embora os dois admitam a existência de qualidades universais, como bondade e justiça e até de um princípio criador, eles divergem na forma de conhecer essas virtudes. Platão defende que a assimilação acontece somente por meio da razão, enquanto para Aristóteles, a assimilação se dá por meio dos sentidos. Valorizar os sentidos, inclusive, é a base da epistemologia aristotélica: a teoria do conhecimento validada por esse filósofo.

O conhecimento nasce com o ser humano?

Para Platão, sim.	Para Aristóteles, não.
Nós carregamos lembranças do mundo das ideias, que é onde nossa alma esteve antes de se alojar em nosso corpo físico no momento em que nascemos.	O conhecimento é adquirido gradualmente por meio de observações e sensações que registramos a partir dos sentidos humanos.

"Toda ação se deve a uma ou outra das sete causas: acaso, natureza, compulsão, hábito, raciocínio, ira ou apetite."

Aristóteles

Teoria do conhecimento

Segundo Aristóteles, à medida que captamos informações da realidade concreta, abastecemos nossa memória. Essa realidade fornece variadas circunstâncias que transformamos em experiências, a partir das relações que estabelecemos entre aquilo que está na memória e as impressões colhidas do mundo dos sentidos. Com as experiências registradas, passamos a formular conceitos, que vão se consolidando e se ampliando conforme as impressões do mundo dos sentidos se repetem. Quando ocorrem essas repetições, chegamos a conclusões e ainda projetamos o futuro.

Os próximos passos são a obtenção de técnicas e de conhecimento do universo e das leis naturais. Adquirir técnicas é a habilidade de responder por que determinada coisa existe e como ela opera. Ao dominar esse processo, o homem pode realizar tarefas para chegar a resultados previamente traçados. Também consegue ensinar esse processo a terceiros.

O último passo é chamado de "episteme", termo que pode ser entendido como "ciência" ou "conhecimento". Episteme consiste no conhecimento amplo do mundo e da natureza.

O que é a técnica aristotélica? É a capacidade de definir o sentido de cada coisa, produzir resultados e ensinar outras pessoas.

O que é episteme aristotélica? É o conhecimento profundo das leis da natureza e do sentido do universo. É a última etapa do conhecimento.

Caminhos da filosofia ocidental

As visões opostas de Platão e Aristóteles inspiraram diversos pensadores. Os racionalistas René Descartes e Immanuel Kant concordam com a ideia platônica de que nascemos com conhecimentos inatos prontos para emergir à medida que a razão é aprimorada. Já os empiristas John Locke e David Hume apoiam Aristóteles: somos como folhas em branco no nascimento e dependemos das experiências para chegarmos ao conhecimento verdadeiro.

Pontos de vista

RACIONALISTAS: Como dito por Platão, nascemos com conhecimentos inatos. A razão nos ajuda a recordar essas ideias.	**EMPIRISTAS:** Como defendia Aristóteles, nascemos sem lembranças. Os sentidos que nos ajudam a reunir conhecimentos.

> "Por uma necessidade absoluta e incontrolável, a natureza determinou-nos a julgar, assim como respirar e sentir."
>
> **David Hume, empirista**

> *"Penso, logo existo."*
>
> **René Descartes[5], racionalista**

Por dentro da lógica aristotélica

Outra importante contribuição de Aristóteles para a construção do pensamento ocidental é a

---

5   Descartes (1596 – 1650) conferiu certezas matemáticas à filosofia a partir de fundamentos racionais. Kant (1724 – 1804) foi quem dividiu o conhecimento em duas partes: as evidências empíricas e as informações inatas que carregamos desde o nascimento. Locke (1632 – 1704) era contrário à teoria das ideias inatas, mas reconhecia capacidades inatas, como o raciocínio. Hume (1711 – 1776) defendeu que crenças e hábitos nos aproximam do conhecimento, e não a razão.

instituição do conceito de dedução. Embora não tenha empregado em suas obras o termo "lógica", que só foi utilizado mais tarde, ele formulou uma maneira muito original de organizar e categorizar a realidade antes mesmo de interpretá-la.

Formal e material

A lógica aristotélica se divide em "lógica formal" e "lógica material". Lógica formal é aquela em que se baseiam as operações do pensamento a partir de regras predefinidas. Um exemplo: se hoje for dia 10 de novembro, amanhã será 11 de novembro. A menos que a pessoa que identificou que hoje é dia 10 tenha se equivocado em relação à data, o raciocínio estará correto: amanhã será 11 de novembro.

A lógica material também se baseia nas operações do pensamento, mas se pauta pela matéria ou natureza do objeto em foco. Ela representa uma adequação do raciocínio à realidade e emprega métodos, de acordo com a ciência aplicada ao objeto em questão.

É possível citar como exemplo o gás carbônico, que é um composto químico formado por dois átomos de oxigênio e um de carbono (CO_2). Para se chegar a essa afirmação, é preciso dominar a química, ciência que se dedica ao estudo da matéria.

Silogismo

Também chamado de dedução lógica, o silogismo aristotélico ocorre quando dois elementos se unem em função de um terceiro, que serve de ponte entre eles.

Um silogismo prevê duas premissas, que irão gerar a conclusão do raciocínio. Assim:

PREMISSA 1	Todas as mulheres são mortais.
PREMISSA 2	Maria é mulher.
PREMISSA 3	Maria é mortal.

"Aquilo de que todos os seres são constituídos, e de que primeiro se geram, e em que por fim se dissolvem, enquanto a substância subsiste, mudando-se unicamente as suas determinações, tal é, para eles, o elemento e o princípio dos seres."

Aristóteles

O pensamento político de Aristóteles

Além de discordar da teoria do mundo das ideias, Aristóteles também contestou Platão em relação à política. O fundador da Academia considerava que os cargos governamentais deveriam ser assumidos por filósofos, justamente porque somente eles saberiam conduzir o povo a uma vida digna. Aristóteles enxergava autoritarismo no modelo platônico de governo. Para ele, concentrar o poder nas mãos dos sábios geraria uma sociedade hierarquizada.

Justiça + amizade

Outra divergência entre eles diz respeito ao conceito de justiça. Para Platão, a verdadeira justiça está no mundo das ideias, a dimensão que congrega as formas puras de tudo o que existe na realidade concreta. É um conceito impessoal, pois não prevê equívocos nem mudanças.

Aristóteles tinha outra visão: para ele, a justiça não era algo inalcançável nem poderia se descolar do conceito de amizade (*philia* em grego).

Para o filósofo Aristóteles, a justiça deveria contemplar a *philia*, ou seja, a conexão entre as pessoas e a concordância delas em relação a pensamentos, ideais e interesses comuns.

Quando é possível juntar amizade e justiça, segundo Aristóteles, a cidade ganha uma unidade e o ideal de vida comunitária prospera.

PARA FIXAR NA MEMÓRIA

▶ Aristóteles é um dos nomes mais importantes da filosofia ocidental ao lado de Sócrates e Platão;

▶ Foi aluno de Platão. Frequentou a Academia, escola fundada por Platão em Atenas, como estudante e, posteriormente, como professor;

▶ Rompeu com Platão, sobretudo por causa da sua discordância em relação à teoria platônica do mundo das ideias X mundo dos sentidos;

▶ Platão defende que o mundo das ideias é uma dimensão superior onde residem as formas puras de tudo o que existe na realidade concreta ou mundo dos sentidos. O mundo dos sentidos concentra as cópias das formas puras do mundo das ideias, sejam objetos (animais, livros) ou conceitos (justiça, caridade). Temos apenas cópias, porque as formas puras são distorcidas pelos sentidos humanos;

▶ Aristóteles não reconhece o mundo das ideias, nem desqualifica os sentidos. Pelo contrário: ele considera os sentidos importantes para identificar dados e recolher experiências, que serão importantes para construir um repertório;

▶ Para Aristóteles, nascemos como folhas em branco e dependemos dos sentidos humanos para acumular vivências, exercitar o raciocínio, aplicar técnicas e, finalmente, dominar o conhecimento verdadeiro da natureza e do universo.

5

LEGADO

Embora tenha vivido muito antes de Cristo, Platão foi alinhado ao cristianismo. Os pensadores cristãos é que promoveram essa aproximação, especialmente Santo Agostinho (354 – 430). Esse filósofo religioso, que chegou a ser bispo católico em Hipona (região norte da África), foi quem fundiu as teorias platônicas com as ideias da Igreja.

Santo Agostinho considerava uma realidade suprassensível, igualando o mundo das ideias de Platão ao universo espiritual. Confiar nesse universo invisível e superior à matéria era necessário para fazer valer a ética, ou seja, o conjunto de valores religiosos, e difundir a necessidade de abdicação da realidade concreta, impondo um controle racional aos instintos e às paixões.

Livre-arbítrio e a questão do mal

Ao compreender os homens como seres racionais, Santo Agostinho defendeu a existência do livre-arbítrio, isto é, a capacidade individual de fazer escolhas, inclusive entre o bem e o mal. Mas como é possível existir o mal se a realidade suprassensível, onde está o Criador, só produz obras perfeitas? Santo Agostinho resolveu esse dilema ao afirmar que o mal não existe como algo concreto a exemplo do bem, e sim como a deficiência de algo.

O Universo sempre existiu?

Outro religioso que emprestou da filosofia grega as bases para fundamentar a fé cristã foi o italiano Santo Tomás de Aquino (1225 – 1274). Professor de teologia, Aquino é considerado um dos nomes mais importantes do pensamento medieval. Mas, ao contrário de Agostinho, que colou em Platão, Aquino uniu os ensinamentos da Bíblia ao pensamento de Aristóteles. Como Aristóteles, ele acreditava que o universo era eterno, mas que foi Deus quem estabeleceu essa eternidade. Essa conclusão permitiu a reconciliação entre a teoria aristotélica e a fé religiosa.

PARA FIXAR NA MEMÓRIA

▶ Santo Agostinho foi o responsável por alinhar as teorias de Platão aos ensinamentos encontrados na Bíblia;

▶ A dimensão suprassensível, ou esfera espiritual, poder ser comparada ao mundo das ideias platônico;

▶ Santo Agostinho também considerava os seres humanos dotados de razão, como defendeu Platão;

▶ De acordo com Agostinho, essa racionalidade é que dá a cada um a capacidade de escolher entre o bem e o mal, conceito que chamou de "livre-arbítrio";

▶ Diferentemente de Agostinho, São Tomás de Aquino agregou os ensinamentos da Bíblia ao pensamento de Aristóteles.

Fontes consultadas

Christiani Margareth de Menezes e Silva, doutora em filosofia pela Pontifícia Universidade Católica do Rio de Janeiro, professora adjunta da Universidade Estadual de Londrina (UEL);

Danilo Andreatta, mestre em Filosofia na área de História da Filosofia, Política e Ética, pela Unesp, e professor do Centro Universirário UNISAGRADO, em Bauru (SP).

Artigos consultados

CECÍLIO, Guilherme da C. A. Considerações sobre os sentidos da mímesis na República de Platão e crítica à poesia. Disponível em https://revistas.ufrj.br/index.php/Itaca/article/download/2413/2062. Acesso em 28 de agosto de 2019.

MALATO, Maria Luísa. A Academia de Platão e a matriz das academias modernas. Disponível em https://sigarra.up.pt › flup › pub_geral.pub_view. Acesso em 09 de setembro de 2019.

Livros consultados

A história da filosofia. Will Durant. São Paulo: Nova Cultural, 1996.

Apologia de Sócrates, o Banquete e Fedro. Platão. São Paulo: Coleção Folha, 2010.

A república. Platão. São Paulo: Nova Cultural, 1997
Diálogos. Platão. São Paulo: Nova Cultural, 2000.

Filosofando – introdução à filosofia. Maria de Lúcia Aranha e Maria Helena Martins. São Paulo: Moderna, 1993.

Filosofia como esclarecimento. Vários autores. Belo Horizonte: Autêntica Editora, 2014.

Introdução à história da filosofia: dos Pré-socráticos a Aristóteles. Marilena Chauí. São Paulo: Cia. das Letras, 2002.

Introdução ao estudo da filosofia. Antônio Xavier Teles. São Paulo: Ática, 1981.

O livro da filosofia. Vários autores. São Paulo: Globo Livros, 2011.

O livro da política. Paul Kelly. São Paulo: Globo Livros, 2013.

Mito e realidade. Mircea Eliade. São Paulo: Perspectiva, 1972.

Mitologia. Edith Hamilton. São Paulo: Martins Fontes, 1992.

Segunda edição (outubro/ 2022) · Quarta reimpressão
Papel de miolo Lux cream 70g
Tipografia Colaborate, Cheddar Gothic Sans e Visby
Gráfica Melting